Classroom Fun

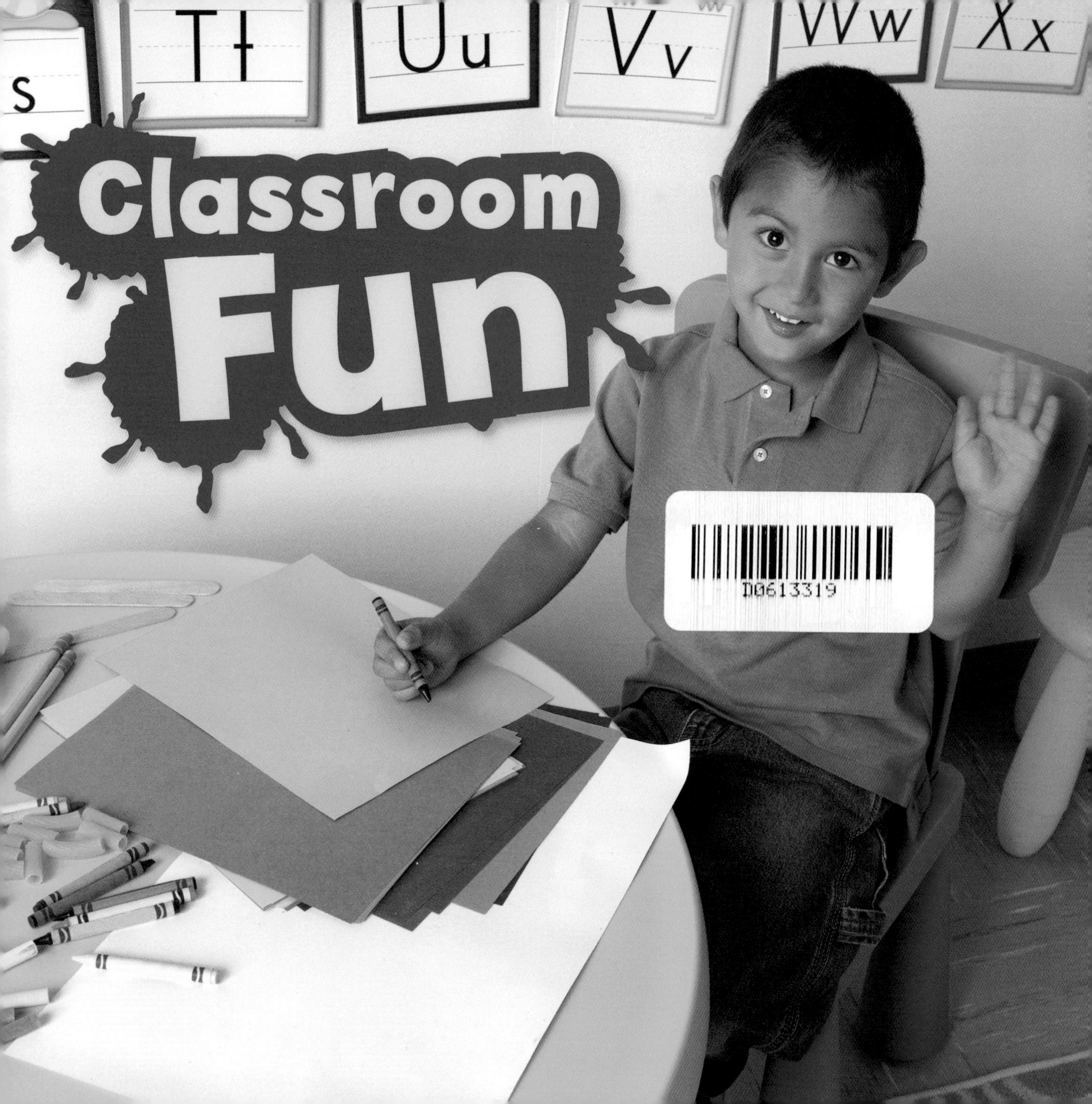

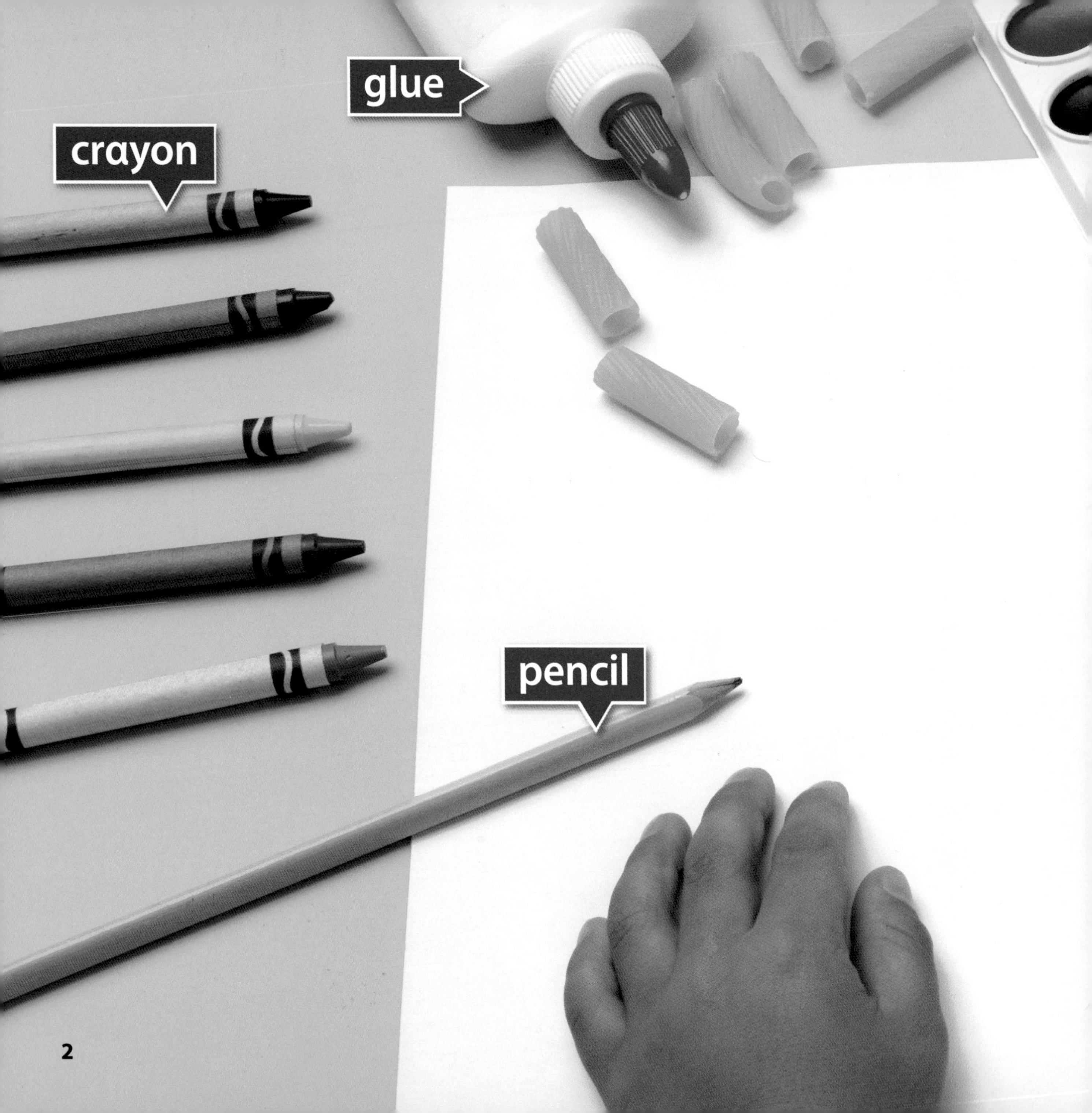
glue
crayon
pencil

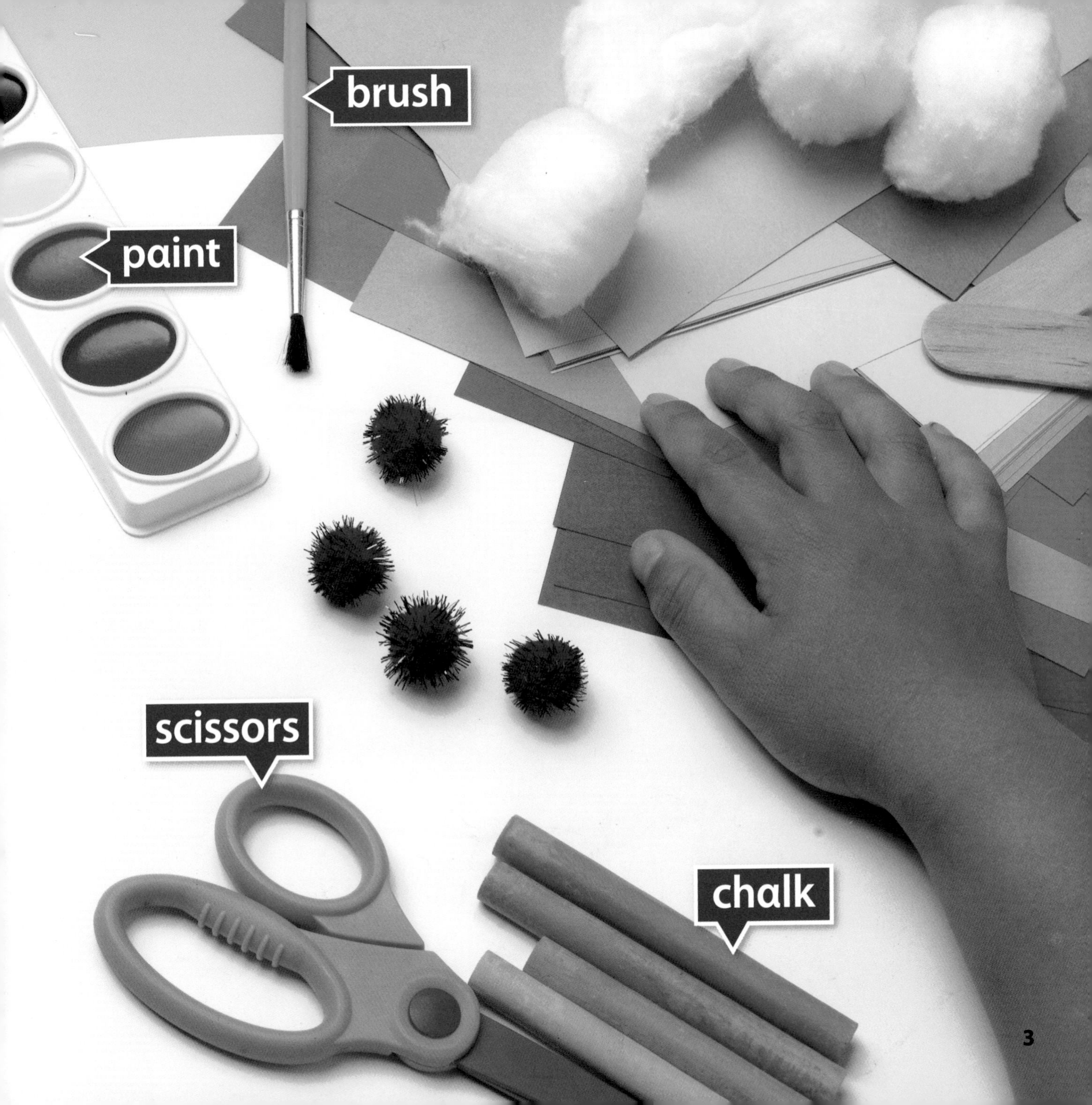
brush
paint
scissors
chalk

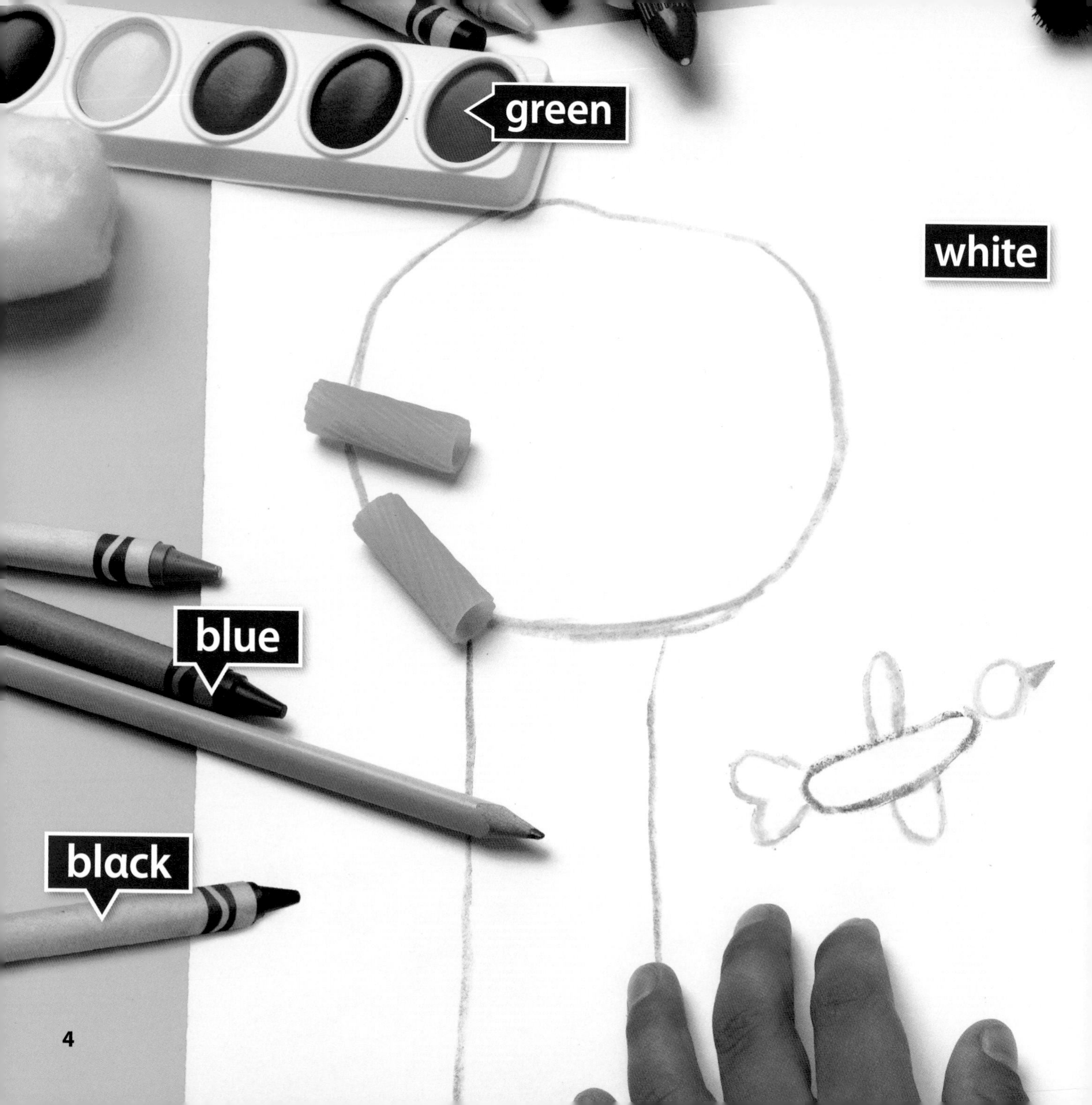
green
white
blue
black

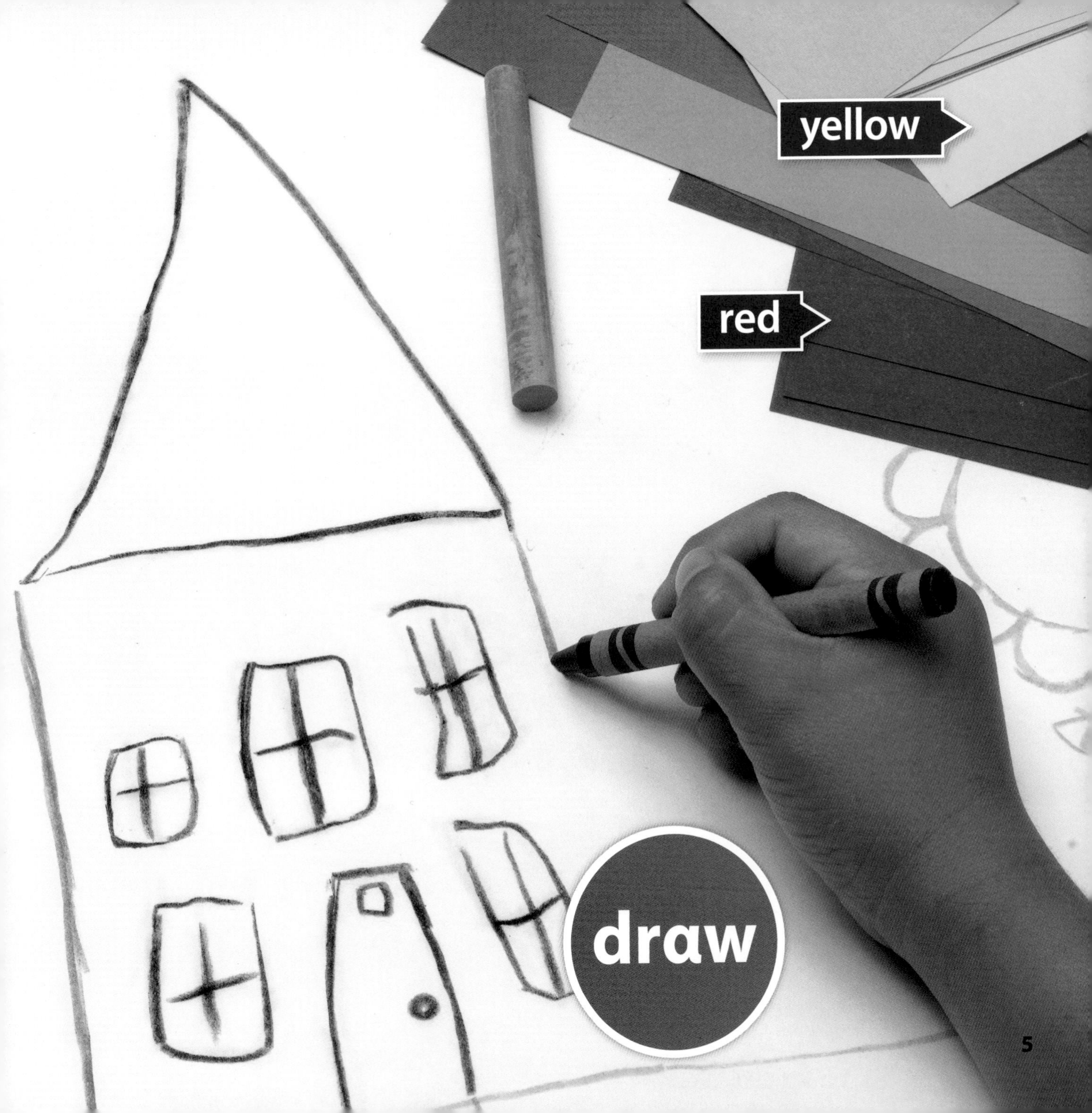
yellow
red
draw

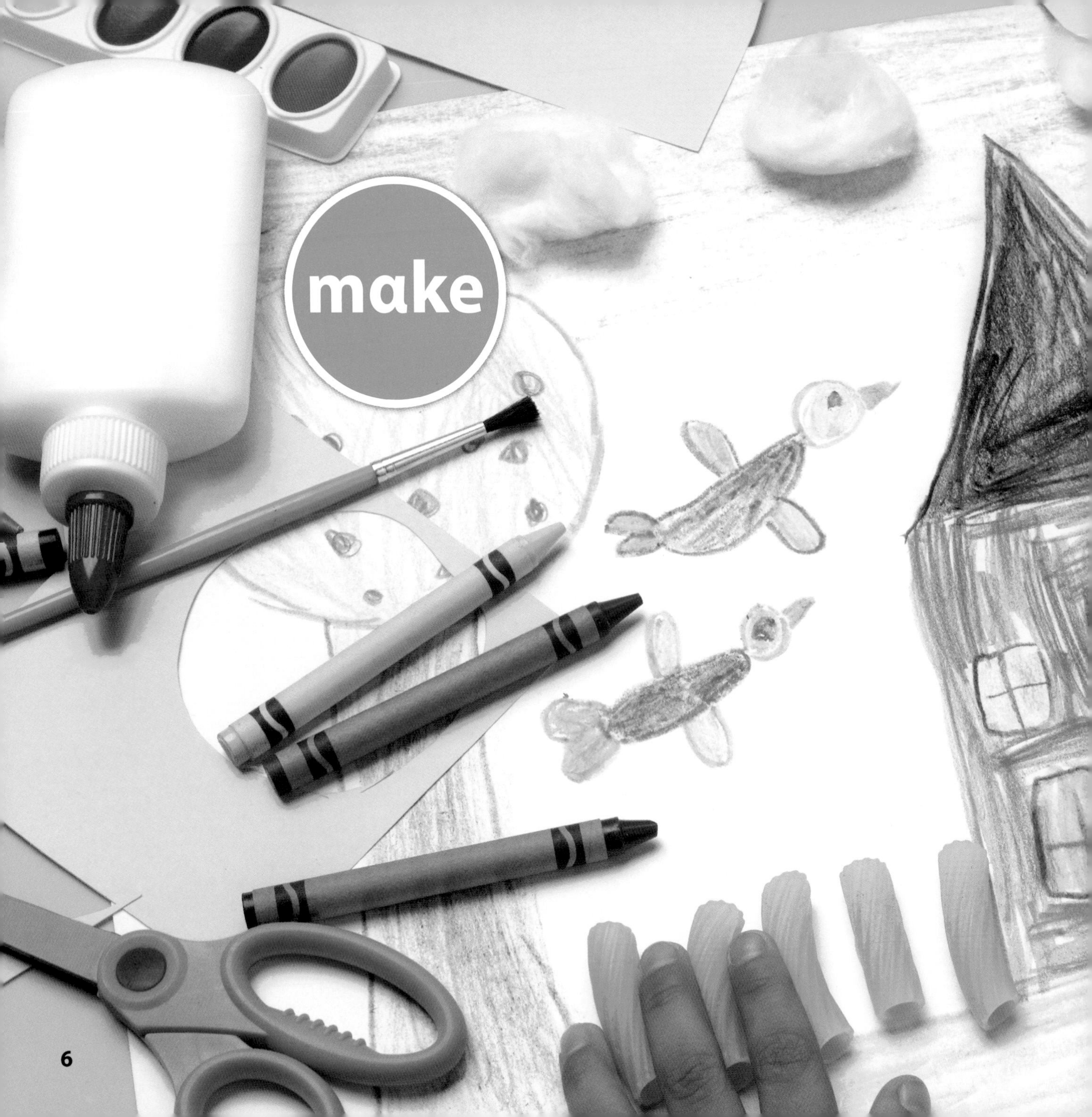
make

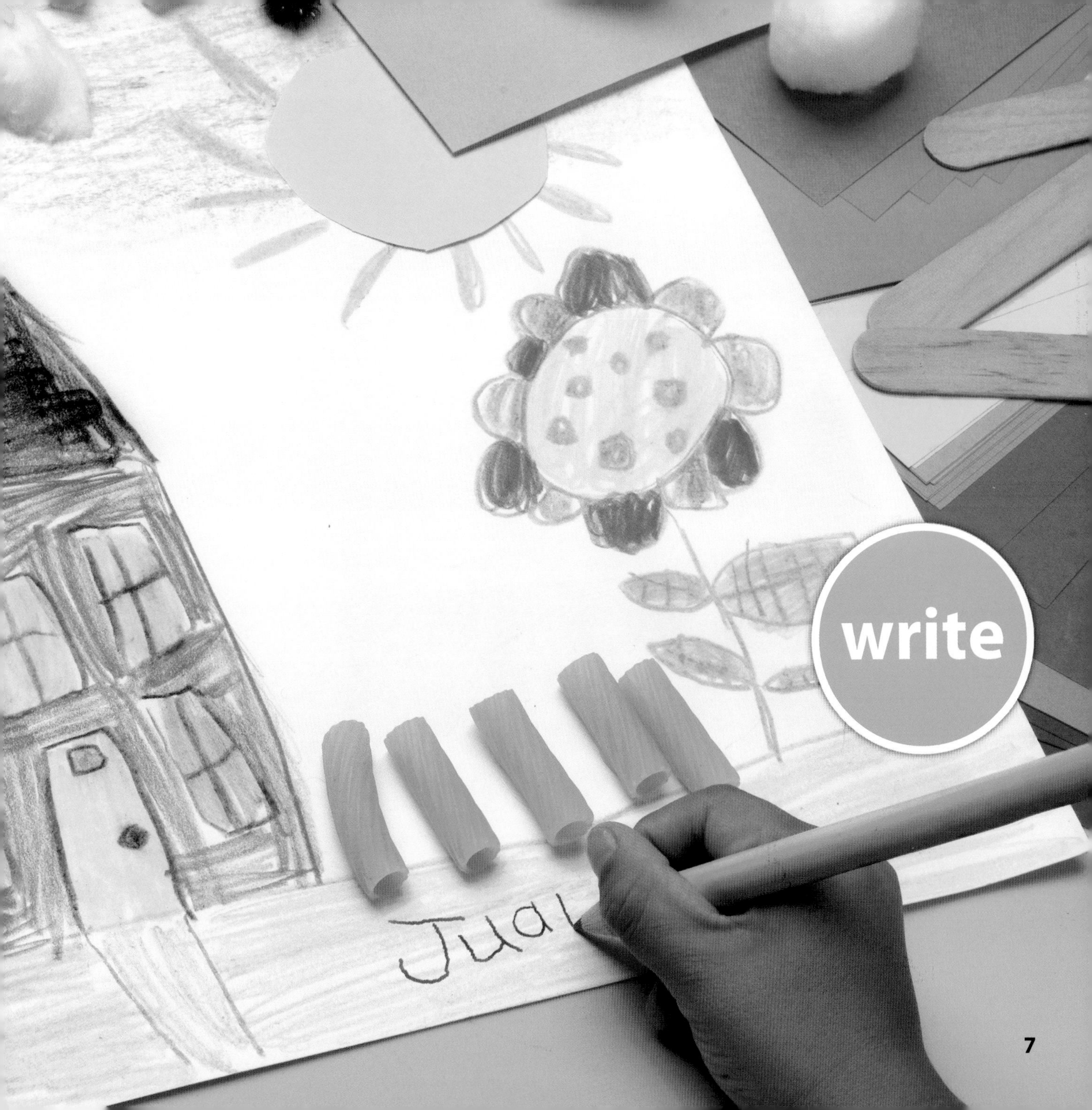

write

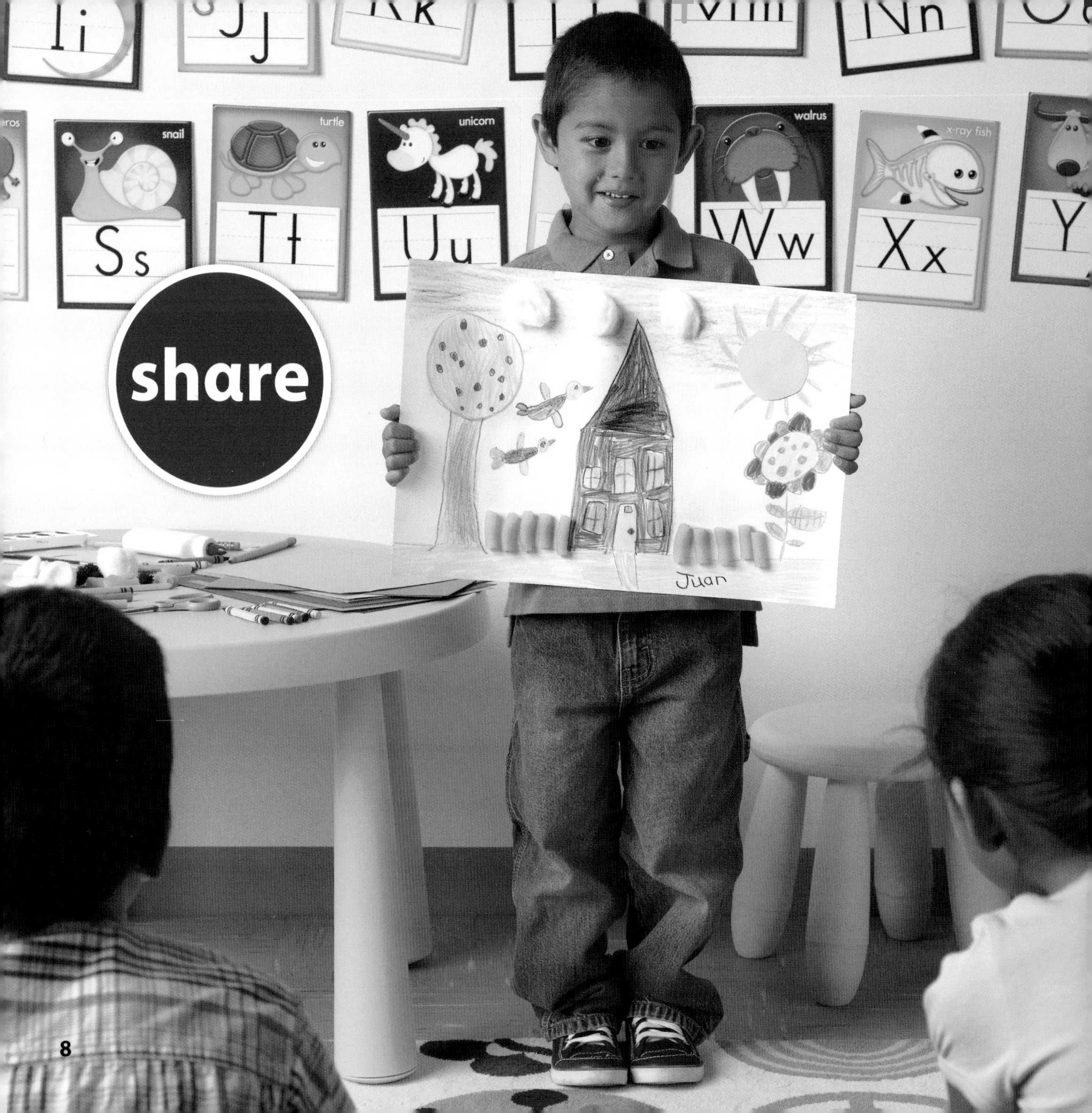
Ii
Jj
Nn
snail
Ss
turtle
Tt
unicorn
Uu
walrus
Ww
x-ray fish
Xx
Juan

share